In der letzten Trainerstunde vor dem Wettkampf bekamen die Läuferinnen einige wichtige Informationen:

„Also Kinder, der Wettkampf beginnt um 10 Uhr. Seid bitte schon um 9 Uhr am Waldstadion, damit wir uns aufwärmen und einlaufen können. Bringt eure Laufschuhe und Lauftrikots mit und natürlich auch die Trainingsanzüge, damit ihr nicht friert. Vergesst nicht wieder Handtuch und Seife für das Duschen! Der Wettkampf wird um 13 Uhr zu Ende sein. 13.30 Uhr ist die Siegerehrung. Danach könnt ihr sofort nach Hause gehen."

1. Lena schreibt sich schnell das Wichtigste auf, damit sie nichts vergisst. Hilf ihr dabei.

1) Beginn des Wettkampfes: ____________________

2) Ort: ____________________

3) Treffzeit: ____________________

4) Mitbringen: ____________________

____

5) Ende des Wettkampfes: ____________________

6) Siegerehrung: ____________________

Wir schreiben **nur das Wichtigste** auf einen Merkzettel.

2. Es gibt immer wieder Gelegenheiten, Notizen oder Merkzettel zu schreiben. Ergänze die fehlenden Wortteile.

bei einer Fernseh ______________________

nach einem Telefon ______________________

nach einer Schul ______________________

nach einem Gruppen ______________________

nach einem wichtigen Ge ______________________

nach einem Arzt ______________________

vor einem Ur ______________________

vor einer Fei ______________________

vor einem Schul ______________________

vor einem Sport ______________________

____

____

gespräch treffen
sendung
spräch fest
besuch laub
stunde
er
fest

3. Ergänze oben eigene Vorschläge.

4. Sollten diese Notizen sehr ausführlich oder ganz kurz sein?

____

Hannes verbringt seine Ferien in einem Zeltlager.
Dort erlebt er viel Schönes und Interessantes.
Damit er nicht alles vergisst, schreibt er sich jeden
Abend vor dem Schlafen das Wichtigste auf.
Das sind seine Gedanken:

Das Frühstück im Freien war einfach toll. Die Sonne schien und alle waren fröhlich. Bei der Wanderung zum Feldberg wurden tolle Witze erzählt und Rätsel gestellt. Das Mittagessen auf der Alm war schön, leider gab es dort so viele Fliegen. Auf dem Rückweg überraschte uns ein Gewitter. Zum Abendessen gab es gegrillte Würstchen. Ich musste anschließend am Bach spülen. Das war lustig.

5. Unterstreiche, was von all diesen Gedanken Hannes notiert haben könnte.

6. Schreibe so kurz wie möglich.

1) tolles Frühstück im Freien

2) ______________________________

3) ______________________________

4) ______________________________

5) ______________________________

6) ______________________________

7) ______________________________

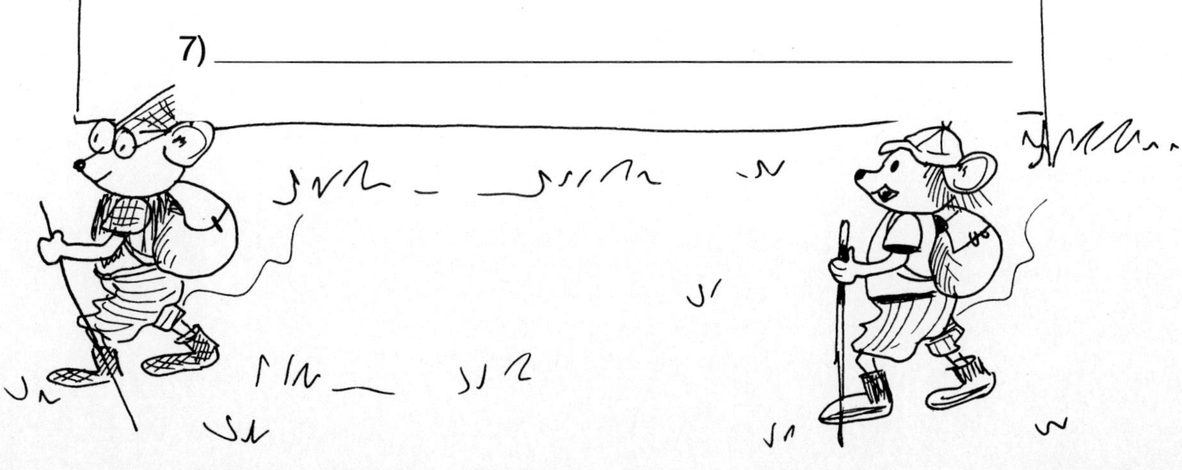

Bergedorfer® Best.-Nr. 2347

7. Hier findest du Zeit- und Eigenschaftswörter (Verben und Adjektive), die mit den Ferien zu tun haben. Ordne sie richtig ein.

abwechslungsreich schwimmen langweilig baden großartig schön aufregend tauchen klettern kurz lang wandern lesen interessant spielen schlafen fernsehen basteln herrlich

Zeitwörter Das kann man in den Ferien machen:	Eigenschaftswörter So können Ferien sein:
______________	______________
______________	______________
______________	______________
______________	______________
______________	______________

8. Zwei Wörter haben vier Silben. Schreibe sie hier auf.

____

____

Philipp möchte zu seinem Freund Oliver gehen. Wie soll er seine Mutter informieren? Sie ist in die Stadt gegangen und er kann sie nicht telefonisch erreichen. Da nimmt er einen Zettel und schreibt das Wichtigste darauf:

> Liebe Mama!
> Um 15 Uhr gehe ich zu Oliver. Wir wollen zusammen am Computer spielen.
> Gegen 17.30 Uhr bin ich wieder zurück.
> Liebe Grüße
> Philipp

1. Beantworte die Fragen.

1) Wohin geht Philipp? ____________________

2) Was wollen sie tun? ____________________

3) Wann kommt er zurück? ____________________

2. Edda schreibt eine Nachricht an ihren Vater.
Setze die passenden Teile ein.

Schwimmbad | bis 17 Uhr | Hause | für das Sportabzeichen

Bernd | Um 15.30 Uhr | Um 17.30 Uhr | Lieber | Edda

__________ Papa!

______________ gehe ich mit __________ ins

______________ . Wir trainieren dort ______________

________________ . Wir bleiben ______________ .

______________ bin ich dann wieder zu ______________ .

____

Bd. 289. Ursula Lassert: Wir üben Aufsätze – 3./4. Schuljahr – Informierende Texte

Persen® Bergedorfer® Best.-Nr. 2347

3. *Was kann man in der Freizeit alles tun?*
   Hier findest du einige Beispiele, wenn du die richtigen Wörter zusammenstellst.

   (basteln, schreiben, malen, laufen, fahren, spielen, machen)

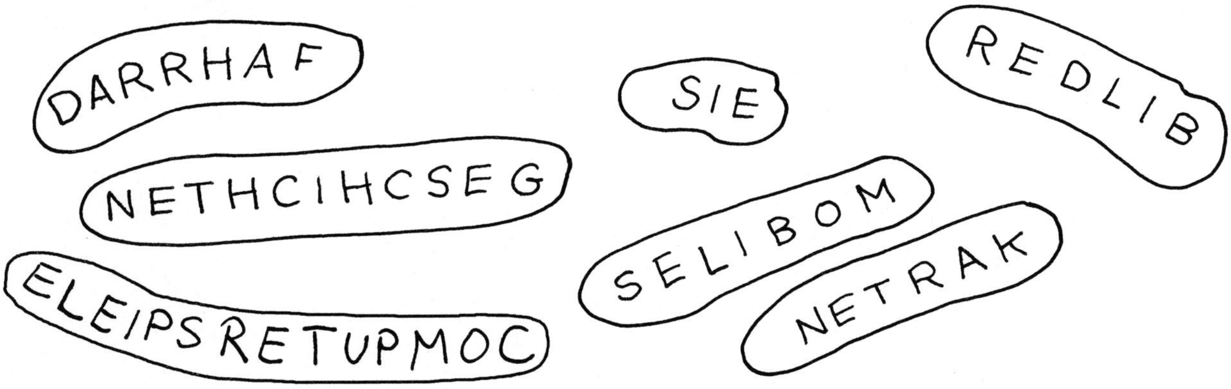

4. *Schreibe deine Hobbys auf und male dazu ein kleines Bild.*

Sven hat sich Notizen gemacht. So fällt es ihm ganz leicht, seiner Oma eine Urlaubskarte zu schreiben.

1. Findest du die Notizen aus seinem Tagebuch auf der Karte wieder? Unterstreiche sie dort.

Liebe Oma!

Seit Montag machen wir Ferien auf dem Rosenhof.
Du glaubst nicht, wie schön es hier ist!
Wir können hier herrlich spielen. Jeden Tag dürfen wir auf einem Pony reiten. Das macht uns ganz viel Spaß!
Gestern haben wir bei der Apfelernte geholfen.
Diese dicken Äpfel müsstest du einmal sehen!

Am Sonntag machen wir alle zusammen einen Ausflug ins Moor.

Sei herzlichst gegrüßt

von deinem Sven

2. Auf dieser Karte wird die Leserin im Text zweimal direkt angesprochen. Schreibe diese beiden Sätze heraus.

1) Auf einer Urlaubskarte sollten die Sätze kurz sein.
2) Der Leser sollte angesprochen werden.
3) Er sollte möglichst erfahren, wo sich der Schreiber aufhält und was er dort tut.

3. Schau dir die beiden folgenden Karten gut an, dann beantworte unten die Fragen.

Liebe Nora!
Hier ist es prima. Es gefällt uns. Nur das Wetter ist ziemlich schlecht.

Viele Grüße
von deinem Gert

Lieber Lars!
Hier auf Korsika ist es heiß. Wir sind jeden Tag am Strand. Dort toben wir im Wasser herum. Du kannst dir bestimmt vorstellen, wie viel Spaß uns das macht. Manchmal fahren wir mit dem Boot aufs Meer. Das ist besonders toll.
Wie geht es dir?

Herzliche Grüße
deine Tina

1) Auf welcher Karte wird der Leser angesprochen? ______________________

2) Bei welcher Karte erfährt der Leser den Aufenthaltsort? ______________________

3) Wo erfährt er etwas über das Wetter? ______________________

4) Wo erfährt er, was der Schreiber tut? ______________________

5) Welche Karte ist interessanter und anschaulicher? ______________________

Persen® Bergedorfer® Best.-Nr. 2347

4. Stell dir vor, du machst gerade Ferien und schreibst eine Karte an deine Freundin oder deinen Freund. Schreibe so ähnlich wie Sven oder Tina.

5. Schau deine Karte noch einmal an.

1) Hast du den Leser angesprochen? ________

2) Hast du ihm mitgeteilt, wo du bist? ________

3) Weiß er jetzt, was du tust? ________

4) Weiß er jetzt, ob es dir gefällt oder nicht? ________

5) Hast du ihm einen netten Gruß geschickt? ________

6) Hast du den Text unterschrieben? ________

Bergedorfer® Best.-Nr. 2347

*1. So berichtet David über einen Sportunfall.
Kannst du unten die Fragen beantworten?*

Unsere letzte Sportstunde fand in der Turnhalle statt. Wir turnten am Kasten. Es waren schon fünf Kinder darüber gesprungen. Gerade als Karsten hinübersprang, lief Maria quer über die Matte. Karsten und Maria prallten zusammen. Die beiden stürzten. Während sich Maria kaum wehgetan hat, hat Karsten eine Gehirnerschütterung bekommen. Er musste ins Krankenhaus gebracht werden.

1) Wann geschah der Unfall? ______________________________

2) Wo passierte es? ______________________________

3) Wer war an dem Unfall beteiligt? ______________________________

4) Wie geschah es? ______________________________

____

5) Welche Folgen hatte der Unfall? ______________________________

Davids Bericht enthält also alles Wichtige.
Und so berichtet Rita von dem Unfall:

Gestern stießen Maria und Karsten zusammen. Karsten war gerade über den Kasten gesprungen, als Maria gegen ihn stieß. Karsten hat sich verletzt.

*2. Hilft dir Ritas Bericht auch
alle Fragen genau zu beantworten?*

1) Wann geschah der Unfall? ______________________________

2) Wo passierte es? ______________________________

3) Wer war an dem Unfall beteiligt? ______________________________

4) Wie geschah es? ______________________________

5) Welche Folgen hatte der Unfall? ______________________________

Wir sehen, dass in Ritas Bericht viele wichtige Einzelheiten fehlen.
Ein Bericht muss dem Leser sagen, wann und wo etwas passiert ist.
Er muss sagen, wer daran beteiligt war und wie es geschehen ist.
Es ist schön, wenn der Bericht auch die Folgen erwähnt.

Ein Bericht beantwortet die Fragen:
Was? Wann? Wo? Wer?
Wie? Welche Folgen?

Anne schreibt:

Gerade als Karsten hinübersprang, lief Maria quer über die Matte. Karsten musste ins Krankenhaus gebracht werden. Karsten und Maria prallten in unserer letzten Sportstunde in der Turnhalle zusammen. Es waren schon fünf Kinder darüber gesprungen. Wir turnten am Kasten. Während sich Maria kaum wehgetan hat, hat Karsten eine Gehirnerschütterung bekommen. Die beiden stürzten.

3. Annes Bericht beantwortet zwar diese Fragen, aber er ist trotzdem nicht gut. Kreuze an, was bei Annes Bericht stört.

1) Anne hat immer dieselben Zeitwörter benutzt. ☐

2) Sie hat die Namen verwechselt. ☐

3) Die Reihenfolge stimmt nicht. ☐

Ein Bericht muss die Ereignisse **in der richtigen Reihenfolge** nennen.

Bergedorfer® Best.-Nr. 2347

In einen Bericht gehören
keine persönlichen Meinungen.

4. Schreibe anhand der Stichwörter einen kurzen Bericht.

Samstagmorgen, Oststraße, alter Herr, gehen, Blick in die Zeitung werfen, vor Obstladen, Bananenschale, nicht sehen, ausrutschen, stürzen, sich verletzen, Krankenwagen, Krankenhaus

5. Beantworte die Fragen.

1) Hast du in der richtigen Reihenfolge geschrieben? ______

2) Hast du verschiedene Satzanfänge genommen? ______

3) Weiß der Leser, wann und wo der Unfall geschehen ist? ______

Bd. 289. Ursula Lassert: Wir üben Aufsätze – 3./4. Schuljahr – Informierende Texte

Persen® Bergedorfer®
Best.-Nr. 2347

Zusammengesetzte Namenwörter (Nomen) helfen uns, etwas genauer zu benennen.

6. Bilde zusammengesetzte Namenwörter (Nomen).

____

____

____

____

____

____

____

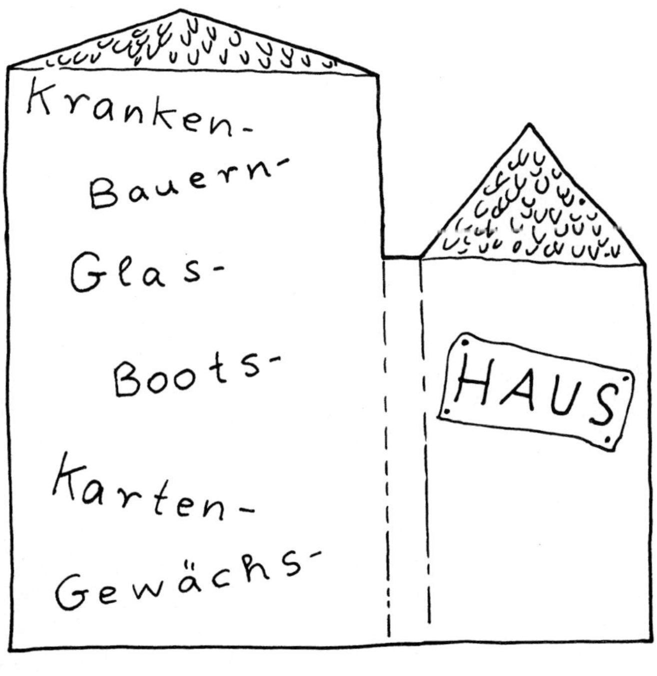

____

____

____

____

____

____

____

7. Weißt du es?

1) Welcher dieser Wagen ist der schnellste? ___________________

2) Welches dieser Häuser kannst du nicht betreten? ___________________

Bd. 289. Ursula Lassert: Wir üben Aufsätze – 3./4. Schuljahr – Informierende Texte

Persen® Bergedorfer® Best.-Nr. 2347

So beschreibt Laura das Malen eines Bildes mit Wasserfarben:

Ich male ein Wasserfarbenbild

Zunächst tue ich den Tisch mit Zeitungen oder einer Plastikfolie abdecken.
Dann tue ich mir einen großen Block, den Farbkasten, einen Lappen, die Wasserbecher und die Pinsel aus dem Schrank holen. Die Becher tue ich mit Wasser füllen und neben den Block stellen.
Jetzt kann ich anfangen zu malen. Ich tue den Pinsel in das Wasser tauchen, tue vorsichtig Farbe aufnehmen und tue damit über das Papier streichen. Bevor ich eine neue Farbe nehme, tue ich den Pinsel in das Wasser tauchen und anschließend tue ich ihn mit dem Mallappen säubern. Jetzt tue ich das saubere Wasser aus dem zweiten Becher aufnehmen und den Pinsel wieder in die Farbe tauchen.
Wenn ich mein Bild beendet habe, tue ich alles wieder forträumen.

Dies ist eine Vorgangsbeschreibung.
Laura hat hier in der richtigen Reihenfolge erzählt, was sie alles machen muss, wenn sie ein Bild mit Wasserfarben malt. Aber dennoch stört etwas an dieser Beschreibung.

1. Kreuze an, was hier so sehr stört.

1) Die Sätze sind zu lang. ☐

2) Der ständige Gebrauch des Wörtchens „tun“: Ich tue ... ☐

3) Die Satzanfänge sind alle gleich. ☐

4) Die Reihenfolge ist falsch. ☐

Bergedorfer®
Best.-Nr. 2347

2. Schreibe diese Vorgangsbeschreibung noch einmal. Lass das Wörtchen tue *immer weg und setze die Zeitwörter (Verben) in die richtige Form, z. B.:*
Zunächst decke ich den Tisch mit ... ab.

Eine Klassenkameradin möchte auch mit Wasserfarben malen.
Du sagst ihr, was sie tun muss. Benutze dazu die 2. Person Einzahl (Singular).

3. Wandle deine Sätze von Aufgabe 2 so um:

1) Zunächst deckst du den Tisch mit Zeitungen oder einer Plastikfolie ab.

2) Dann __________ _____ dir einen großen Block, den Farbkasten, einen Lappen, die Wasserbecher und die Pinsel aus dem Schrank.

3) Die Becher ___________ _____ mit Wasser und ______________ sie neben den Block.

4) Jetzt _____________ _____ anfangen zu malen. _____ _____________ den Pinsel in das Wasser, ______________ vorsichtig Farbe auf und _______________ damit über das Papier.

5) Danach _____________ _____ den Pinsel in das Wasser und _________________ ihn mit dem Mallappen.

6) Jetzt ______________ _____ das saubere Wasser aus dem zweiten Becher auf und _______________ den Pinsel wieder in die Farbe.

7) Wenn _____ dein Bild beendet ________, _____________ _____ alles wieder fort.

> Du könntest bei einer Anweisung auch **die Befehlsform** benutzen. Decke ... ab!, Hole dir ...! usw.

4. Schreibe die Sätze in der Befehlsform (im Imperativ) in dein Heft.

Bd. 289. Ursula Lassert: Wir üben Aufsätze – 3./4. Schuljahr – Informierende Texte

Persen® Bergedorfer®
Best.-Nr. 2347

5. Wandle diese Befehle in freundliche Bitten um.

1) Du sollst deine Aufgaben rechnen!
2) Du sollst herkommen!
3) Du sollst schöner schreiben!
4) Du sollst das Auto waschen!
5) Du sollst auf das Baby aufpassen!
6) Du sollst Brot kaufen!
7) Du sollst die Treppe putzen!

1) Bitte rechne deine Aufgaben!

2) ____________________

3) ____________________

4) ____________________

5) ____________________

6) ____________________

7) ____________________

6. Bilde zusammengesetzte Eigenschaftswörter (Adjektive) mit -rot. Male die Farben daneben.

____

____

____

____

____

____

7. In Ulfs Vorgangsbeschreibung sind die Sätze durcheinander geraten. Nummeriere sie in der richtigen Reihenfolge.

Gardinenwäsche

Heute werden die Gardinen gewaschen.

___ Er klettert hinauf und entfernt den Feststeller, der das Herunterrutschen der Gardinen verhindert.

___ Zuerst holt der Vater die Leiter und stellt sie vor das Fenster.

___ Er bringt sie zur Waschmaschine und legt sie hinein.

___ Nun nimmt er die Gardinen vorsichtig ab.

___ Wenn die Gardinen in der Maschine liegen, stellt er das richtige Waschprogramm ein, füllt Waschmittel in das Waschmittelfach und stellt die Maschine an.

___ Die feuchten Gardinen hängt er sofort ganz vorsichtig und ordentlich auf.

___ Zum Schluss stellt er die Leiter wieder fort.

___ Wenn die Gardinen fertig gewaschen sind, nimmt er sie heraus.

Auch Vorgangsbeschreibungen müssen **in der richtigen Reihenfolge** geschrieben werden.

8. Schreibe die Zeitwörter (Verben) aus der Beschreibung hier in der Grundform (im Infinitiv) auf.

____

____

____

____

*9. Jutta hat folgendes Geschehen beobachtet und beschrieben.
Aber etwas stört an ihrer Beschreibung.
Kreuze unten an, was das ist.*

> Heute will Frau Eckes die Fensterrahmen streichen.
> Sie holt dazu die Leiter und stellt sie vor das Fenster.
> Sie nimmt ein Tuch und wischt über die Fensterrahmen, die Herr Eckes gestern abgeschliffen hat.
> Sie klebt vorsichtig schmale Papierstreifen auf die Fensterscheibe.
> Sie klettert schnell hinunter, nimmt eine Dose und füllt einen Teil der Farbe aus dem großen Farbeimer hinein.
> Sie klettert mit Pinsel und Dose wieder hinauf und beginnt zu streichen.
> Sie verteilt ein wenig Farbe auf dem Rahmen und verstreicht sie mit gleichmäßigen Pinselstrichen.
> Sie wiederholt das so oft, bis der Rahmen fertig gestrichen ist.
> Sie macht das fast so gut wie ein Fachmann.

1) Die Reihenfolge stimmt nicht. ☐

2) Es werden immer dieselben Zeitwörter (Verben) gebraucht. ☐

3) Sie gebraucht immer dieselben Satzanfänge. ☐

10. Gleiche Satzanfänge kannst du vermeiden, indem du die Satzteile vertauschst, sodass nicht jeder Satz mit dem Satzgegenstand (Subjekt) anfängt.

1) <u>Sie</u> <u>klebt</u> <u>vorsichtig</u> <u>schmale Papierstreifen</u> <u>auf die Fensterscheibe</u>.

2) <u>Vorsichtig</u> <u>klebt</u> _____ ______________________________

______________________________ .

3) <u>Auf die Fensterscheibe</u> __________ _____ __________________

______________________________ .

> **Satzteile** können aus einem Wort oder mehreren Wörtern bestehen.

Persen® Bergedorfer® Best.-Nr. 2347

11. Verändere Juttas Sätze von Aufgabe 9 so, dass die Satzanfänge verschieden sind.

____

____

____

____

____

____

____

____

____

____

____

____

____

____

Wenn sich die Satzteile nicht umstellen lassen, kannst du auch Wörter wie zunächst, danach, nun, kurz darauf ... als Satzanfang nehmen. Sie sollten sich sinnvoll an die vorhergehenden Sätze anschließen.

12. Suche die sechs Wörter heraus, die zum Wortfeld säubern *gehören.*

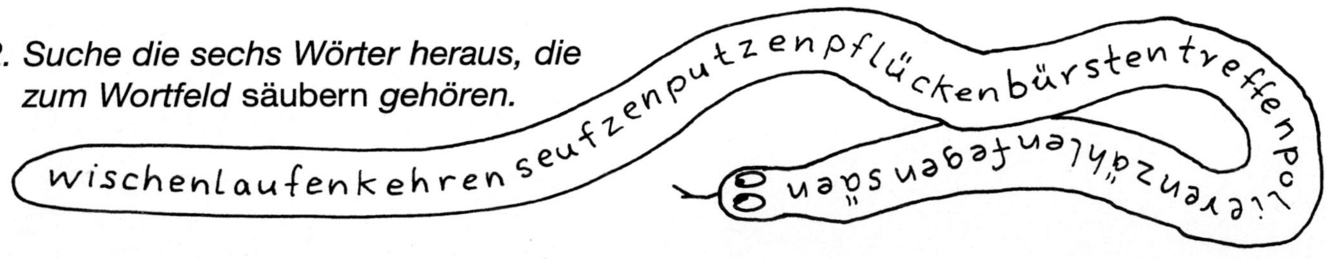

_______________ _______________ _______________

_______________ _______________ _______________

13. Auch dieses muss in einem Haushalt gemacht werden. Bilde Zeitwörter (Verben) und ergänze sie unten.

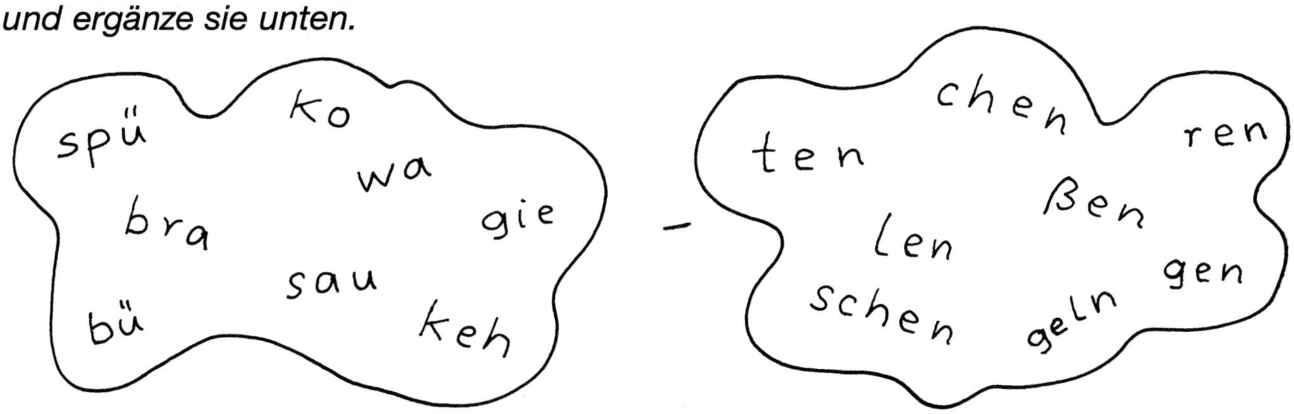

Kartoffeln ______________________

Wäsche ______________________

Geschirr ______________________

Böden ______________________

Teppiche ______________________

Hemden ______________________

Fleisch ______________________

Blumen ______________________

14. Bilde zusammengesetzte Wörter mit Wohnung-.

= ______________________

= ______________________

= ______________________

= ______________________

Persen® Bergedorfer® Best.-Nr. 2347

1. Ergänze bei der Spielregel die fehlenden Satzteile.

1) Halma-Spiel in Sternform kann von zwei bis

_______________________ gespielt werden.

2) Zunächst stellt man seine 15 Figuren ___________________________ auf.

3) Man versucht, ___________________________ schnell und geschickt in den gegenüberliegenden Hof zu bringen.

4) Wer dort zuerst seine sämtlichen Figuren aufgestellt hat,

___________________________ .

5) ___________________________ jeder Spieler einen Zug oder einen Sprung tun.

6) Man darf ___________________________ hintereinander ausführen, wenn das möglich ist.

7) Man darf vorwärts, seitwärts und rückwärts über die eigenen

______________________________________ springen. Dazu muss man aber direkt vor der zu überspringenden Figur stehen und das Feld dahinter muss frei sein.

8) Man darf die übersprungenen Figuren nicht _____________________.

2. Unterstreiche bei der Spielregel in Aufgabe 1

1) die Anzahl der Teilnehmer *rot,*

2) die genaue Anzahl der Figuren oder Steine *blau,*

3) das genaue Ziel des Spiels *gelb.*

3. Kannst du diese Fragen beantworten?

1) Wie viele Personen können beim Halma-Spiel mitmachen?

____

2) Wie viele Figuren hat jeder Spieler?

____

3) Wer hat gewonnen?

____

4) Was darf der Spieler nicht machen?

____

In einer Spielregel müssen
1) die Anzahl der Teilnehmer,
2) die Anzahl der Figuren oder Steine,
3) das genaue Ziel,
4) die genaue Vorgehensweise
genannt werden.

Bergedorfer® Best.-Nr. 2347

4. *Versuche, die Nummern 1–6 der Spielregel zu* Topfschlagen *in ganze Sätze umzuwandeln.*

Topfschlagen

1) Ein Geschenk-Päckchen auf den Boden legen.
2) Einen Kochtopf darüber stülpen.
3) Einem Kind die Augen verbinden.
4) Ihm einen Kochlöffel in die Hand geben.
5) Es sich dreimal um sich selbst drehen lassen.
6) Das Kind dreimal versuchen lassen, mit dem Löffel den Topf zu treffen.
7) Wenn ihm das gelingt, darf es das Päckchen behalten.

1) Man legt ein Geschenk-Päckchen ______________________________

2) ______________________________

3) ______________________________

4) ______________________________

5) ______________________________

6) ______________________________

____

7) Wenn ihm das gelingt, darf es das Päckchen behalten.

5. *Wenn du das Rätsel gelöst hast, weißt du, was Hanno unter dem Topf finden wird.*

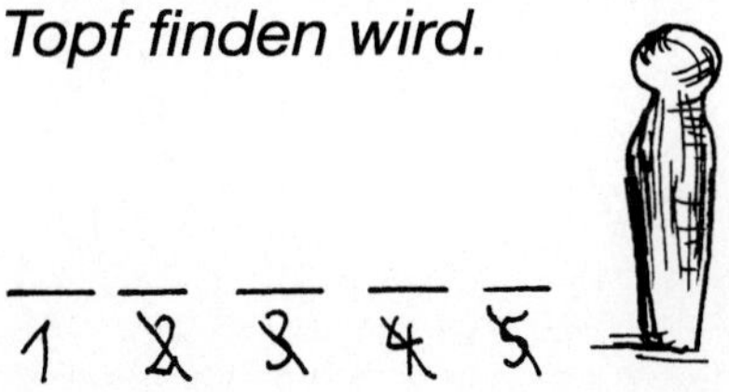

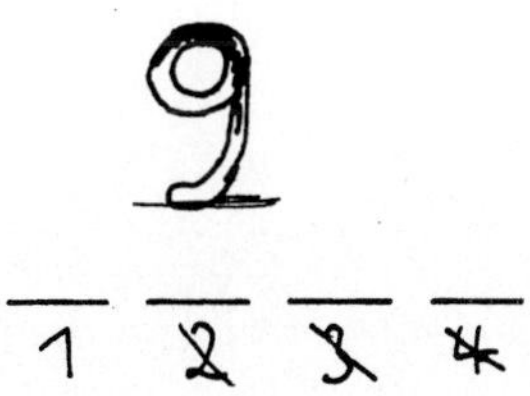

Er findet _ _ _ _ _ .

6. *Male rot an, was man bei dem Schreiben von Spielregeln, Anweisungen und Rezepten beachten sollte.*

1) die richtige Reihenfolge beachten

2) Wichtiges auslassen, damit der Leser etwas zu rätseln hat

3) treffende Zeitwörter (Verben) benutzen

4) kurze, einfache Sätze bilden

5) ruhig immer dieselben Zeitwörter (Verben) benutzen

6) die richtigen Fachausdrücke für die Geräte oder Spielteile verwenden

7) gut verständlich schreiben

8) die richtigen Fachausdrücke vermeiden

9) nichts Wichtiges auslassen

10) möglichst umständlich schreiben, damit der Leser viel zu lesen hat

7. *Bilde Wörter mit* Spiel- *und* -spiel.

Ball

Mühle

Gelände

Karten

Spiel-
-spiel

Zimmer

Karte

Gefährte

Platz

Bergedorfer® Best.-Nr. 2347

Vorgestern stellten Paula und Klaus ein Mosaikbild her, das sie ihren Großeltern schenkten.

Sie sammelten Kataloge und Prospekte. Außerdem malten sie einige Zeichenblätter mit verschiedenen Wasserfarben an. Das alles rissen sie in viele kleine Stückchen. Diese sortierten sie nach Farben. Auf einen weißen Karton zeichneten sie die Umrisse des Bildes. Die Flächen bestrichen sie mit Klebstoff. Darauf klebten sie die bunten Papierstückchen. Am Ende hatten sie ein feines Mosaikbild.

Da sie nicht vergessen wollen, wie sie das gemacht haben, haben sie sich den Bastelvorgang aufgeschrieben, um ihn in ihre Sammelmappe zu heften.

1. Schreibe so:

1) Wir sammeln Kataloge und Prospekte.

2) Außerdem ______________________________

____

____

____

____

____

____

____

____

____

____

____

Vorgangsbeschreibungen werden **in der Gegenwart** (im Präsens) geschrieben.

Paulas Freundinnen wollen auch so ein schönes Mosaikbild anfertigen. Deshalb schreiben Paula und Klaus eine Bastelanleitung. Sie schreiben sie so, dass das Zeitwort (Verb) immer in der Grundform (im Infinitiv) steht.

2. Schreibe die Anleitung zu Ende.

1) Kataloge und Prospekte sammeln.

2) Außerdem ______________________________

____

____

____

____

____

____

____

____

Bei Anleitungen können **die Zeitwörter** (Verben) auch **in der Grundform** (im Infinitiv) stehen.

3. Kreise nur die Zeitwörter (Verben) ein.

malen lang basteln kraftvoll

schreiben schwierig schneiden schwach

kleben garstig zeichnen bedächtig radieren

1. *Hier findest du zwei Beschreibungen.*
Wer wird deiner Meinung nach seine Uhr wohl schneller zurückbekommen?

Lisa hat in der Schule ihre Uhr verloren.
Am nächsten Morgen hängt sie diesen Zettel an das schwarze Brett:

> Gestern habe ich meine hübsche Uhr verloren.
> Sie ist ein Geschenk meiner Oma. Bitte gebt sie in der 3c bei Lisa Schwarz ab.
> Vielen Dank.

Auch Jan hat seine Uhr verloren. Er beschreibt sie so:

> Gestern habe ich meine Armbanduhr verloren.
> Sie hat ein schwarzes Lederarmband mit goldenem Verschluss. Das Zifferblatt ist silbern, rechts oben ist ein kleiner Golfschläger. Die beiden Zeiger sind grün. Einen Sekundenzeiger hat die Uhr nicht.
> Bitte gebt sie in der 4a bei Jan Welter ab. Vielen Dank.

2. *Überlege genau.*

1) Wessen Beschreibung ist genauer? ______________________

2) Welche Uhr kannst du dir besser vorstellen? ______________________

3. *Kreuze an, warum du dir die eine Uhr besser vorstellen kannst.*

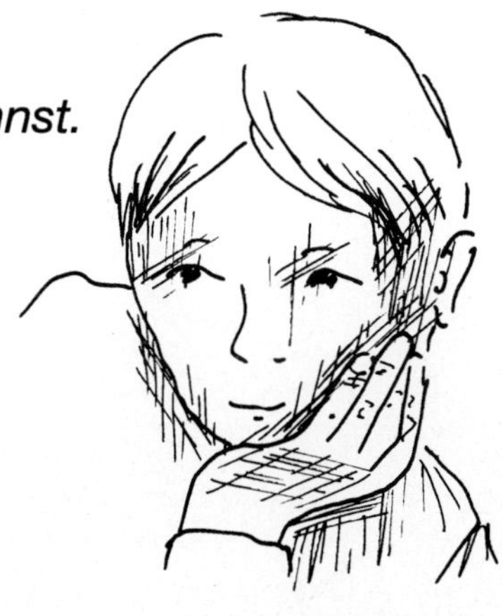

1) Weil die Beschreibung ausführlicher ist. ☐

2) Weil dort mehr Einzelheiten erwähnt werden. ☐

3) Weil die Beschreibung lustiger ist. ☐

4) Weil seine Uhr hübscher ist. ☐

Bd. 289. Ursula Lassert: Wir üben Aufsätze – 3./4. Schuljahr – Informierende Texte

Bergedorfer® Best.-Nr. 2347

4. Male die folgenden Gegenstände nach den Beschreibungen.

Helen beschreibt:

Mein Halstuch ist aus Seide. Es ist lang und schmal. Es ist blau mit großen roten Blumen darauf. An einer Seite sind die Buchstaben H. U. aufgemalt.

Michael beschreibt:

Mein Taschenmesser ist hellrot und so lang wie ein Zeigefinger. Es ist sehr dünn, aber es hat auf der einen Seite ein größeres und auf der andern Seite ein kleineres Messer. Auf der einen Seite ist eine winzige Nagelfeile und auf der anderen ist ein schmaler Schraubenzieher.

5. Unterstreiche in Helens Beschreibung das Material rot, die Form blau und die Farbe gelb.

Wenn du einen Gegenstand beschreibst, musst du
1) das Material,
2) die Form,
3) die Farbe,
4) möglichst viele Einzelheiten
erwähnen.

6. Unterstreiche in Michaels Beschreibung die Eigenschaftswörter (Adjektive). Dann schreibe sie hier auf.

Persen® Bergedorfer®
Best.-Nr. 2347

Hier erfährst du, wie Maltes
Lieblingsjeans aussieht.

Meine Jeans ist hellblau mit rot gesteppten Nähten auf den Seiten und auf den Taschen. Sie hat zwei große Vordertaschen und zwei kleinere Hintertaschen. In der rechten Tasche hinten ist ein Loch. Deshalb trage ich die Schlüssel jetzt immer links. Auf dem linken Knie ist ein kleiner bunter Flicken, der lustig aussieht. Die Beine sind unten abgeschnitten und nicht umgenäht. Deshalb ist sie dort ziemlich ausgefranst. Sie hat einen braunen Gürtel mit einer silbernen Schnalle.

7. Beschreibe und male deine Lieblingshose.

8. *Wie können Hosen nicht sein?*
   Streiche die unpassenden
   Eigenschaftswörter (Adjektive) durch.

lang kurz eng kantig groß

klein wild verschlissen

geizig kariert braun saftig

ausgefranst zerlöchert rot flüssig

glatt müde alt

schmutzig zerbrechlich gestreift blau

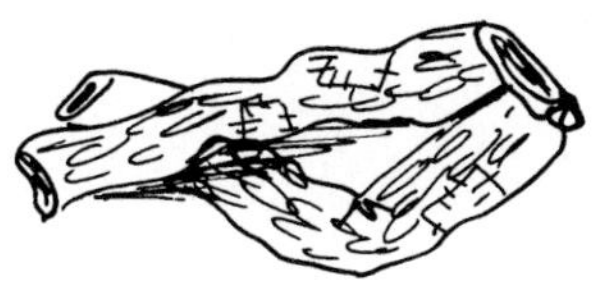

9. *Schreibe die anderen*
   Eigenschaftswörter (Adjektive) heraus.

__________ __________ __________ __________

__________ __________ __________ __________

__________ __________ __________ __________

__________ __________ __________ __________

10. *Suche vier Eigenschaftswörter (Adjektive) davon aus und schreibe so:*
    Meine Hose ist lang. Peters Hose ist länger. Nikes Hose ist am längsten.

____

____

____

____

Bernd konnte sich nicht entscheiden, welches Tier er beschreiben sollte. So sind bei ihm zwei Tierbeschreibungen durcheinander geraten. Kannst du erkennen, um welche Tiere es sich hier handelt?

1. Unterstreiche die Sätze rot, die zu dem einen Tier gehören, und die Sätze blau, die zu dem anderen gehören.

Es hat ein braunes kurzhaariges Fell und einen langen schwarzen Schwanz, der bis zum Boden reicht. Es hat zwei spitze Ohren und zwei kleine dunkle Augen. Wenn es sich freut, wiehert es laut und schüttelt seine Mähne. Es hat ein dichtes braunes Fell und einen buschigen Schwanz. Es hat eine große weiche Nase und weiche Lippen, mit denen es vorsichtig aus meiner Hand frisst. Besonders niedlich sieht es aus, wenn es auf seinen Hinterbeinen sitzt und Nüsse knabbert. Es ist ziemlich klein, aber so stark, dass es mich tragen kann. Am liebsten klettert und springt es auf Bäumen herum.

2. Um welche Tiere handelt es sich hier?

1) ______________________ 2) ______________________

3. Suche dir eins der Tiere aus und schreibe die Sätze dazu hier auf. Du kannst die Beschreibung auch ergänzen.

____

____

____

____

____

____

____

____

Persen® Bergedorfer® Best.-Nr. 2347

4. Errate die Tiere, die hier beschrieben sind.

Eddas Tierrätsel:

> Mein Tier ist groß und steht auf vier mächtigen Beinen. Seine Augen sind sehr klein, dafür sind seine Ohren umso größer. Es hat einen langen Rüssel und eine runzelige dunkelgraue Haut. Es könnte mich gut tragen, denn es ist sehr stark.

Kais Tierrätsel:

> Mein Tier ist winzig, hat ein weißes Fell und hübsche schwarze Knopfaugen. Es hat einen dünnen Schwanz, der fast rosa ist. Seine Wohnung ist ein Käfig in der Küche. Auf seinen kleinen Beinchen saust es manchmal wie der Blitz durch die ganze Wohnung.

Ninas Tierrätsel:

> Mein Tier ist dick und fett. Es hat kurze rosa Borsten. Am liebsten wälzt es sich im Matsch. Wenn es mich sieht, grunzt es laut. Dann schaut es mich neugierig aus seinen kleinen Augen an. Manchmal sieht es aus, als ob es lache.

Edda denkt an einen ________________ .

Kai meint eine ________________ .

Nina beschreibt ein ________________ .

5. Suche dir eins dieser Tiere aus und male es.

6. *So verschieden kann etwas sein!*
   Ergänze die folgenden Reihen um
   wenigstens ein weiteres Eigenschaftswort (Adjektiv).

Fell: glatt, struppig, hell, dunkel, ____________________

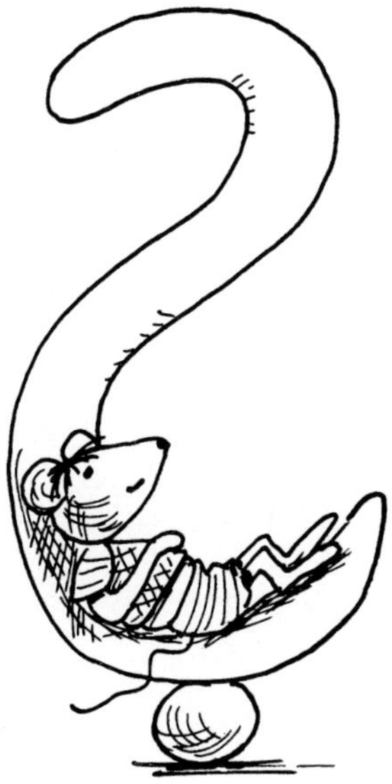

Ohren: spitz, lang, klein, ____________________

Nase: rund, rosa, groß, klein, ____________________

Augen: klein, groß, schwarz, braun, ____________________

Schnauze: spitz, stumpf, ____________________

Beine: kurz, kräftig, ____________________

Schwanz: lang, buschig, ____________________

7. *Hier siehst du eine Katze.*
   Male sie an und beschreibe sie.

____

____

____

____

____

____

____

____

Treffende Eigenschaftswörter (Adjektive) sind bei Beschreibungen sehr wichtig.

8. Bilde zusammengesetzte Eigenschaftswörter (Adjektive).

+ groß = ______________________________

+ gelb = ______________________________

+ grau = ______________________________

+ schnell = ______________________________

+ hart = ______________________________

+ weiß = ______________________________

+ braun = ______________________________

9. Hier kannst du Eigenschaftswörter (Adjektive) auf -ig *und* -lich *bilden.*

Zorn Ruhe
Fleiß
Sonne Gift
Wind

+ ig

____

____

Herr
Monat
Punkt Haus
Schrift Brief

+ lich

____

____

Bd. 289. Ursula Lassert: Wir üben Aufsätze – 3./4. Schuljahr – Informierende Texte

Persen® Bergedorfer® Best.-Nr. 2347

*1. Wer ist Elenas Freund?
Lies die Beschreibung und
kreise den richtigen Jungen ein.*

Mein Freund ist nicht sehr groß. Seine braunen Haare sind immer durcheinander, aber sie passen gut zu seinen blauen Augen. Manchmal ärgert er sich über seine Brille, aber ich finde, sie passt gut zu seinem dicken Näschen und zu seinen Sommersprossen. Am liebsten trägt er immer dieselbe schwarze Hose, obwohl sie schon einige bunte Flicken und viel zu lange Beine hat. Dazu trägt er meistens einen roten Pulli mit kurzen Ärmeln. Mein Freund ist sehr lieb und er hat immer gute Laune. Deshalb mag ich ihn.

*2. Unterstreiche oben in der Beschreibung
die Eigenschaftswörter (Adjektive).*

*3. Male die Jungen an. Achte bei
Elenas Freund auf die Beschreibung.*

*4. Schreibe die Eigenschaftswörter
(Adjektive) hier auf.*

____

____

____

5. Schreibe die Eigenschaftswörter (Adjektive) auf, die zu dir passen, und male dich.

Größe: ______________________________

Haare: ______________________________

Augen: ______________________________

Ohren: ______________________________

Nase: ______________________________

Gesicht: ______________________________

Hände: ______________________________

Kleidung: ______________________________

6. Stell dir vor, du hättest eine Brieffreundin. Beschreibe dich selbst, damit sie eine gute Vorstellung von dir bekommt.

Persen® Bergedorfer® Best.-Nr. 2347

*7. Schau diese beiden Märchenfiguren an.
Trage unten die passenden Begriffe ein.
Anschließend male die Figuren wie beschrieben an.*

Zwerg

Hexe

Bergedorfer® Best.-Nr. 2347

Oft hört oder liest man Vergleiche, z. B.
„weise wie eine Eule“ oder „gefährlich wie ein Löwe“.

8. Verbinde, was zusammengehört.

weise wie ______________________

schlau wie ______________________

schwarz wie ______________________

fleißig wie ______________________

stolz wie ______________________

stur wie ______________________

treu wie ______________________

stark wie ______________________

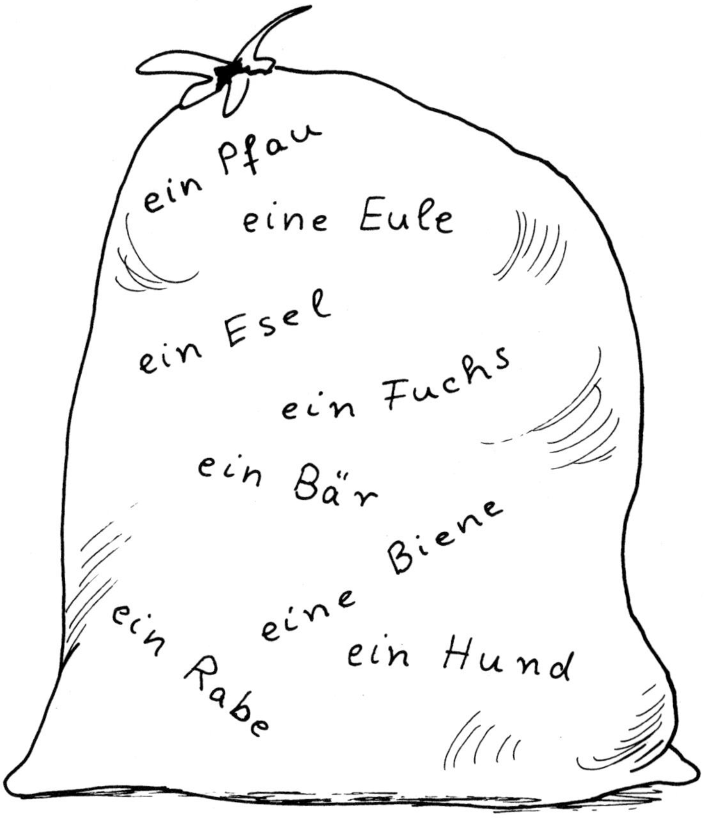

9. Manchmal kannst du es kürzer sagen.
Finde jeweils ein zusammengesetztes Eigenschaftswort (Adjektiv).
Beispiel: so hart wie Stein = steinhart

so grün wie Gras = ______________________

so leicht wie eine Feder = ______________________

so blau wie der Himmel = ______________________

so kalt wie Eis = ______________________

so klar wie Glas = ______________________

so alt wie Stein = ______________________

so schnell wie der Blitz = ______________________

so rot wie Feuer = ______________________

Bd. 289. Ursula Lassert: Wir üben Aufsätze – 3./4. Schuljahr – Informierende Texte

Bergedorfer® Best.-Nr. 2347

Am ersten Schultag im neuen Schuljahr beschreiben die Kinder ihre Schulwege.

1. *So beschreibt David seinen Weg nach Hause. Zeichne ihn unten in die Karte ein.*

„Ich gehe von der Schule aus nach rechts, überquere die nächste Querstraße, die Zoostraße. An der nächsten Ecke biege ich nach rechts in die Südstraße. Ich überquere diese an der nächsten Ecke und gehe die Bergstraße entlang, vorbei an der Bäckerei. Im 5. Haus, Bergstraße 26, wohne ich."

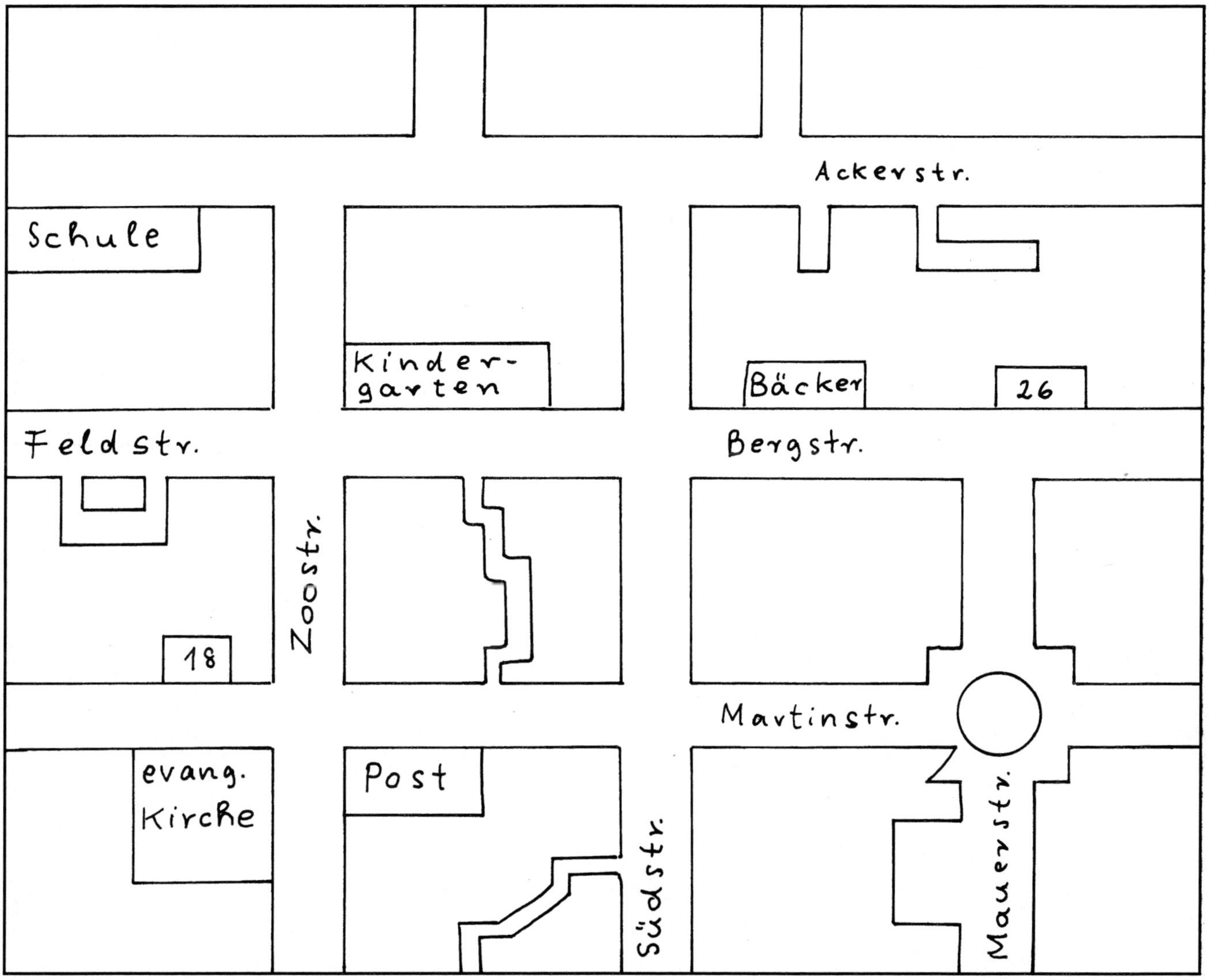

2. *So beschreibt Lisa ihren Schulweg. Zeichne ihn ebenfalls in die Karte ein.*

„Ich wohne in der Martinstraße 18. Vor der Schule wende ich mich nach rechts und gehe dann gleich rechts in die Zoostraße. An der zweiten Kreuzung biege ich rechts in die Martinstraße. Ich wohne gleich im zweiten Haus, gegenüber der evangelischen Kirche."

Bei einer Wegbeschreibung sind **Richtung, Straßennamen** und **auffallende Einzelheiten** wie Gebäude, Parks, Brücken usw. wichtig.

3. Vergleiche die beiden folgenden Wegbeschreibungen. Welche Beschreibung ist besser zu verstehen?

Kai: „Wenn ich zur Schule gehe, gehe ich erst links, dann zweimal rechts. Hinter der nächsten Kreuzung liegt die Schule.“

Martha: „Wenn ich zur Schule gehe, wende ich mich gleich nach rechts in die Berliner Straße. An der nächsten Ecke biege ich links in die Parkstraße und gehe dann rechts in die Mauerstraße. Ein paar Häuser weiter liegt die Schule.“

4. Beschreibe den Weg, der auf dieser Karte eingezeichnet ist.

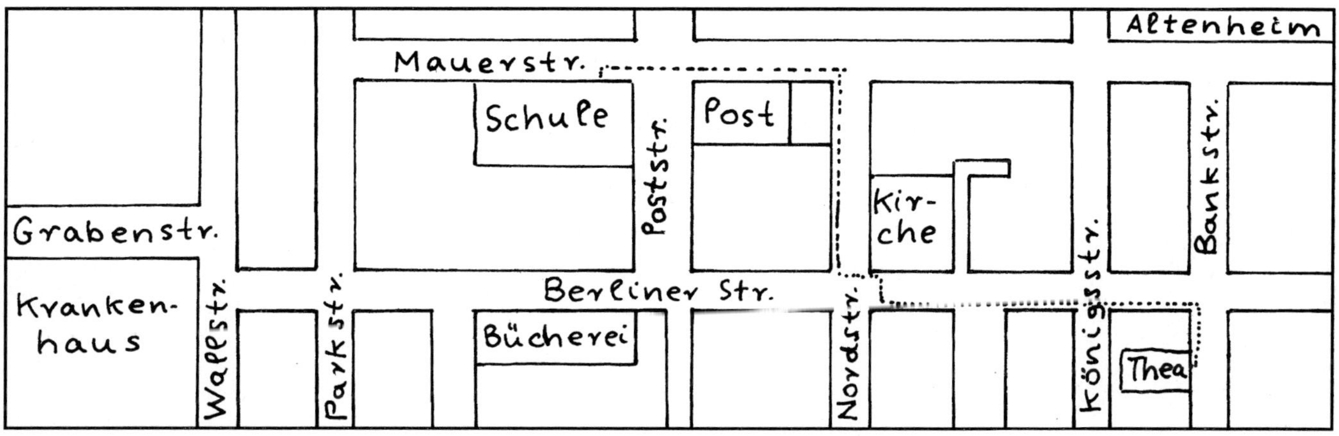

Persen® Bergedorfer®
Best.-Nr. 2347

5. Ordne die Begriffe richtig zu.

U-Bahn
Kunstmuseum Kirche Hochhaus
Straßenbahn
Theater Zug Motorrad
Auto
Moschee Omnibus Schloss

6. Welches Wort besteht aus vier Silben?

____

7. Welche zwei Wörter können nicht getrennt werden?

____

8. Was heißt U-Bahn *ausführlich?*

____

9. Wie ist die Mehrzahl (der Plural) von Theater*?*

____

Persen® Bergedorfer® Best.-Nr. 2347

10. Schreibe alle Wörter heraus, die zum Wortfeld Weg gehören.

Kutsche Landstraße Holz
Allee Pfad Straße Gasse Feldweg Tiefe
Tal
Sackgasse Wald Bürgersteig Fußweg
Schiff Busch

11. Ordne die Wörter nach dem Alphabet.

12. Setze die Wörter richtig ein.

1) Die Kinder folgten dem schmalen ______________ , der sich durch den dichten Wald schlängelte.

2) Im Mittelalter waren in den Städten die schmalen ________________ nicht gepflastert.

3) Kastanienbäume wuchsen rechts und links der breiten ______________ .

4) Ein staubiger ___________________ führte durch die Felder.

5) Am Ende der ____________________ musste das Auto wenden.

6) Auf vielen __________________________ stehen Tische und Stühle von Cafés und Restaurants.

Kapitel 1 – Der Merkzettel

1. 1) 10 Uhr; 2) Waldstadion; 3) 9 Uhr; 4) Laufschuhe, Lauftrikots, Trainingsanzüge, Handtuch, Seife; 5) 13 Uhr; 6) 13.30 Uhr.
2. bei einer Fernsehsendung; nach einem Telefongespräch; nach einer Schulstunde; nach einem Gruppentreffen; nach einem wichtigen Gespräch; nach einem Arztbesuch; vor einem Urlaub; vor einer Feier; vor einem Schulfest; vor einem Sportfest.
4. ganz kurz.

5./6. 1) tolles Frühstück im Freien; 2) Sonnenschein, alle fröhlich; 3) Wanderung zum Feldberg; 4) Mittagessen auf der Alm, viele Fliegen; 5) Gewitter auf dem Rückweg; 6) Abendessen mit gegrillten Würstchen; 7) am Bach gespült.

7. Zeitwörter: baden, schwimmen, tauchen, klettern, wandern, lesen, schlafen, spielen, fernsehen, basteln;
   Eigenschaftswörter: schön, langweilig, großartig, aufregend, interessant, abwechslungsreich, kurz, herrlich, lang.
8. in-te-res-sant, ab-wechs-lungs-reich.

Kapitel 2 – Die Nachricht

1. 1) zu Oliver, 2) am Computer spielen, 3) gegen 17.30 Uhr.
2. Lieber Papa! Um 15.30 Uhr gehe ich mit Bernd ins Schwimmbad. Wir trainieren dort für das Sportabzeichen. Wir bleiben bis 17 Uhr. Um 17.30 Uhr bin ich dann wieder zu Hause. Edda
3. Fahrrad fahren, Eis laufen, Geschichten schreiben, Computerspiele machen, Mobiles basteln, Bilder malen, Karten spielen.

Kapitel 3 – Die Urlaubskarte

2. Du glaubst nicht, wie schön es hier ist! Diese dicken Äpfel müsstest du einmal sehen!
3. 1) Auf Tinas Karte, 2) bei Tinas Karte, 3) bei Gert und bei Tina, 4) bei Tina, 5) Tinas Karte.

Kapitel 4 – Der Brief

1. Liebe Frau Henning! Wir sind alle ein bisschen traurig, seitdem <u>Sie</u> weggegangen sind. Hoffentlich gefällt es <u>Ihnen</u> an der neuen Schule. Es wäre schön, wenn <u>Sie</u> mit <u>Ihren</u> Kindern zu unserer Schulfeier am 3. 10. 2000 kommen könnten. Dann könnten <u>Sie</u> ja auch <u>Ihren</u> kleinen Hund mitbringen. Wir würden uns alle sehr freuen. Seien <u>Sie</u> herzlichst gegrüßt von <u>Ihrer</u> ehemaligen 3b

4. Es fehlen Datum, Anrede und Grußformel.
6. In Lenas Einladung.
8. Briefpapier, Briefmarke, Briefkasten, Brieftasche, Brieffreundin, Brieftaube.

Kapitel 5 – Der Bericht

1. 1) In der letzten Sportstunde. 2) In der Turnhalle. 3) Karsten und Maria. 4) Als Karsten über den Kasten sprang, lief Maria quer über die Matte. So prallten sie zusammen. 5) Karsten bekam eine Gehirnerschütterung.
2. 2) und 5) kann man nicht beantworten.
3. 3) Die Reihenfolge stimmt nicht.
6. Krankenwagen, Zirkuswagen, Lastwagen, Möbelwagen, Schlafwagen, Wohnwagen, Rennwagen; Krankenhaus, Bauernhaus, Glashaus, Bootshaus, Kartenhaus, Gewächshaus.
7. 1) der Rennwagen, 2) das Kartenhaus.

Kapitel 6 – Die Vorgangsbeschreibung

1. 2) Das Wörtchen „tun" stört.
2. Ich male ein Wasserfarbenbild
   Zunächst decke ich den Tisch mit Zeitungen oder einer Plastikfolie ab. Dann hole ich mir einen großen Block, den Farbkasten, einen Lappen, die Wasserbecher und die Pinsel aus dem Schrank.
   Die Becher fülle ich mit Wasser und stelle sie neben den Block.
   Jetzt kann ich anfangen zu malen. Ich tauche den Pinsel in das Wasser, nehme vorsichtig Farbe auf und streiche damit über das Papier. Bevor ich eine neue Farbe nehme, tauche ich den Pinsel in das Wasser und säubere ihn anschließend mit dem Mallappen.
   Jetzt nehme ich das saubere Wasser aus dem zweiten Becher auf und tauche den Pinsel wieder in die Farbe.
   Wenn ich mein Bild beendet habe, räume ich alles wieder fort.
3. 2) Dann <u>holst du</u> dir einen großen Block, den Farbkasten, einen Lappen, die Wasserbecher und die Pinsel aus dem Schrank.
   3) Die Becher <u>füllst du</u> mit Wasser und <u>stellst</u> sie neben den Block.
   4) Jetzt <u>kannst du</u> anfangen zu malen. <u>Du tauchst</u> den Pinsel in das Wasser, <u>nimmst</u> vorsichtig Farbe auf und <u>streichst</u> damit über das Papier.
   5) Danach <u>tauchst du</u> den Pinsel in das Wasser und <u>säuberst</u> ihn mit dem Mallappen.
   6) Jetzt <u>nimmst du</u> das saubere Wasser aus dem zweiten Becher auf und <u>tauchst</u> den Pinsel wieder in die Farbe.
   7) Wenn <u>du</u> dein Bild beendet <u>hast</u>, <u>räumst du</u> alles wieder fort.

4. 1) Decke zunächst den Tisch mit Zeitungen oder einer Plastikfolie ab!
   2) Dann hole einen großen Block, den Farbkasten, einen Lappen, die Wasserbecher und die Pinsel aus dem Schrank!
   3) Fülle die Becher mit Wasser und stelle sie neben den Block!
   4) Fange jetzt an zu malen! Tauche den Pinsel in das Wasser, nimm vorsichtig Farbe auf und streiche damit über das Papier!
   5) Tauche danach den Pinsel in das Wasser und säubere ihn mit dem Mallappen!
   6) Jetzt nimm das saubere Wasser aus dem zweiten Becher auf und tauche den Pinsel wieder in die Farbe!
   7) Wenn du dein Bild beendet hast, räume alles wieder fort!
5. 2) Bitte komm her! 3) Bitte schreibe schöner! 4) Bitte wasche das Auto! 5) Bitte passe auf das Baby auf! 6) Bitte kaufe Brot! 7) Bitte putze die Treppe!
6. blutrot, feuerrot, hellrot, kirschrot, weinrot, dunkelrot.
7. Gardinenwäsche
   Heute werden die Gardinen gewaschen.
   2) Er klettert hinauf und entfernt den Feststeller, der das Herunterrutschen der Gardinen verhindert.
   1) Zuerst holt Vater die Leiter und stellt sie vor das Fenster.
   4) Er bringt sie zur Waschmaschine und legt sie hinein.
   3) Nun nimmt er die Gardinen vorsichtig ab.
   5) Wenn die Gardinen in der Maschine liegen, stellt er das richtige Waschprogramm ein, füllt Waschmittel in das Waschmittelfach und stellt die Maschine an.
   7) Die feuchten Gardinen hängt er sofort ganz vorsichtig und ordentlich auf.
   8) Zum Schluss stellt er die Leiter wieder fort.
   6) Wenn die Gardinen fertig gewaschen sind, nimmt er sie heraus.
8. waschen, hinaufklettern, entfernen, verhindern, holen, stellen, bringen, hineinlegen, abnehmen, liegen, einstellen, füllen, anstellen, aufhängen, fortstellen, waschen, herausnehmen.
9. 3) Sie gebraucht immer dieselben Satzanfänge.
10. 2) Vorsichtig klebt sie schmale Papierstreifen auf die Fensterscheibe.
    3) Auf die Fensterscheibe klebt sie vorsichtig schmale Papierstreifen.
11. Beispiel:
    Heute will Frau Eckes die Fensterrahmen streichen.
    Dazu holt sie die Leiter und stellt sie vor das Fenster.
    Sie nimmt ein Tuch und wischt über die Fensterrahmen, die Herr Eckes gestern abgeschliffen hat.
    Vorsichtig klebt sie schmale Papierstreifen auf das Fensterglas.
    Schnell klettert sie hinunter, nimmt eine Dose und füllt einen Teil der Farbe aus dem großen Farbeimer hinein.
    Mit Pinsel und Dose klettert sie wieder hinauf und beginnt zu streichen.
    Sie verteilt ein wenig Farbe auf dem Rahmen und verstreicht sie mit gleichmäßigen Pinselstrichen.
    Das wiederholt sie so oft, bis der Rahmen fertig gestrichen ist.
    Fast so gut wie ein Fachmann macht sie das.
12. wischen, kehren, putzen, bürsten, polieren, fegen.
13. Kartoffeln kochen, Wäsche waschen, Geschirr spülen, Böden kehren, Teppiche saugen, Hemden bügeln, Fleisch braten, Blumen gießen.
14. Wohnungstür, Wohnungsfenster, Wohnungsschlüssel, Wohnungswechsel.

Kapitel 7 – Die Spielregel

1. 1) drei Personen, 2) im eigenen Hof, 3) die eigenen Figuren, 4) hat gewonnen, 5) Abwechselnd darf, 6) mehrere Sprünge, 7) und die fremden Figuren, 8) wegnehmen.
2. 1) zwei bis drei Personen, 2) 15 Figuren, 3) Man versucht, die eigenen Figuren schnell und geschickt in den gegenüberliegenden Hof zu bringen. Wer dort zuerst seine sämtlichen Figuren aufgestellt hat, hat gewonnen.
3. 1) zwei bis drei Personen, 2) 15 Figuren, 3) derjenige, der die eigenen Figuren als Erster im gegenüberliegenden Hof untergebracht hat.
   4) übersprungene Figuren wegnehmen.
4. 1) Man legt ein Geschenk-Päckchen auf den Boden.
   2) Man stülpt einen Kochtopf darüber.
   3) Man verbindet einem Kind die Augen.
   4) Man gibt ihm einen Kochlöffel in die Hand.
   5) Man lässt es sich dreimal um sich selbst drehen.
   6) Man lässt das Kind dreimal versuchen, mit dem Löffel den Topf zu treffen.
5. Er findet Knete.
6. Man muss beachten 1), 3), 4), 6), 7), 9).
7. Ballspiel, Mühlespiel, Geländespiel, Kartenspiel; Spielzimmer, Spielkarte, Spielgefährte, Spielplatz.

Kapitel 8 – Die Bastelanleitung

1. 2) Außerdem malen wir einige Zeichenblätter mit verschiedenen Wasserfarben an. 3) Das alles reißen wir in viele kleine Stückchen.
   4) Diese sortieren wir nach Farben. 5) Auf einen weißen Karton zeichnen wir die Umrisse des Bildes. 6) Die Flächen bestreichen wir mit Klebstoff. 7) Darauf kleben wir die bunten Papierstückchen.
   8) Am Ende haben wir ein feines Mosaikbild.

2. 2) Außerdem einige Zeichenblätter mit verschiedenen Wasserfarben anmalen. 3) Das alles in viele kleine Stückchen reißen. 4) Nach Farben sortieren. 5) Auf einen weißen Karton die Umrisse des Bildes zeichnen. 6) Die Flächen mit Klebstoff bestreichen. 7) Darauf die bunten Papierstückchen kleben.
3. malen, basteln, schreiben, schneiden, kleben, zeichnen, radieren.

Kapitel 9 – Die Gegenstandsbeschreibung

2. 1) Jans Beschreibung. 2) Jans Uhr.
3. 1) und 2).
5. rot: Seide, blau: lang und schmal, gelb: blau mit rot.
6. hellrot, lang, dünn, größeres, kleineres, winzige, schmaler.
8. kantig, wild, geizig, saftig, flüssig, müde, zerbrechlich.
9. lang, kurz, eng, groß, klein, verschlissen, kariert, braun, ausgefranst, zerlöchert, rot, glatt, alt, schmutzig, gestreift, blau.
10. Beispiele: Meine Hose ist eng. Tinas Hose ist enger. Ralfs Hose ist am engsten. – Meine Hose ist groß. Veras Hose ist größer. Carlas Hose ist am größten. – Meine Hose ist ausgefranst. Elenas Hose ist ausgefranster. Marvins Hose ist am ausgefranstesten. – Meine Hose ist glatt. Theos Hose ist glatter. Petras Hose ist am glattesten.

Kapitel 10 – Die Tierbeschreibung

1./3. Das erste Tier: Es hat ein braunes kurzhaariges Fell und einen langen schwarzen Schwanz, der bis zum Boden reicht. Wenn es sich freut, wiehert es laut und schüttelt seine Mähne. Es hat eine große weiche Nase und weiche Lippen, mit denen es vorsichtig aus meiner Hand frisst. Es ist ziemlich klein, aber so stark, dass es mich tragen kann. Das zweite Tier: Es hat zwei spitze Ohren und zwei kleine dunkle Augen. Es hat ein dichtes braunes Fell und einen buschigen Schwanz. Besonders niedlich sieht es aus, wenn es auf seinen Hinterbeinen sitzt und Nüsse knabbert. Am liebsten klettert und springt es auf Bäumen herum.
2. 1) ein Pony, 2) ein Eichhörnchen.
4. Edda denkt an einen Elefanten. Kai meint eine weiße Maus. Nina beschreibt ein Schwein.
6. Beispiele: Fell: seidig, kurzhaarig; Ohren: hängend, groß; Nase: schwarz, feucht; Augen: hell, dunkel; Schnauze: lang, kurz; Beine: lang, zierlich; Schwanz: kurz, geringelt.
8. pflaumengroß, zitronengelb, mausgrau, pfeilschnell, steinhart, schneeweiß, schokoladenbraun.

9. zornig, ruhig, fleißig, sonnig, giftig, windig; herrlich, monatlich, pünktlich, schriftlich, häuslich, brieflich.

Kapitel 11 – Die Personenbeschreibung

1. Der Dritte von rechts.
2./4. groß, braunen, blauen, dicken, schwarze, bunte, lange, roten, kurzen, lieb, gute.
7. Zwerg: klein, langer weißer Bart, grüne Zipfelmütze, kurze Beinchen, dicker Bauch, Hose mit Punkten, schwarze Stiefel, Gürtel;
Hexe: groß, schlank, lange rote Haare, Kopftuch, Warze, lange Nase, rotes Kleid mit bunten Flicken, blaue Schürze, gestreifte Strümpfe, Schlappen, lange dünne Beine.
8. weise wie eine Eule, schlau wie ein Fuchs, schwarz wie ein Rabe, fleißig wie eine Biene, stolz wie ein Pfau, stur wie ein Esel, treu wie ein Hund, stark wie ein Bär.
9. grasgrün, federleicht, himmelblau, eiskalt, glasklar, steinalt, blitzschnell, feuerrot.

Kapitel 12 – Die Wegbeschreibung

3. Marthas Beschreibung ist besser zu verstehen.
4. Beispiel: Ich biege links um die Ecke in die Berliner Straße. Bei der Kirche wende ich mich nach rechts in die Nordstraße. Bei der nächsten Ecke biege ich nach links und gehe an der Post vorbei. Gleich dahinter ist mein Ziel.
5. Gebäude: Kunstmuseum, Theater, Hochhaus, Kirche, Moschee, Schloss; Fahrzeuge: Omnibus, Straßenbahn, Zug, Auto, Motorrad, U-Bahn.
6. Kunst-mu-se-um.
7. Schloss, Zug.
8. Untergrundbahn.
9. die Theater.
10./11. Allee, Bürgersteig, Feldweg, Fußweg, Gasse, Landstraße, Pfad, Sackgasse, Straße.
12. 1) Pfad, 2) Gassen, 3) Allee, 4) Feldweg, 5) Sackgasse, 6) Bürgersteigen.